BRÈVE NOTICE

SUR

M. LE CHAPTOIS.

BRÈVE NOTICE

SUR

M. LE CHAPTOIS,

AUMONIER DE L'HOPITAL D'AVRANCHES,

par le Dr Ed. V.

Pour chanter Achille, il faut être Homère, pour parler de M. Le Chaptois, il faudrait être un saint; je m'appuie sur l'indulgence du lecteur.

Se vend 50 centimes au bénéfice des Enfans abandonnés.

A Avranches,

CHEZ E. TOSTAIN, IMPRIMEUR-LIBRAIRE, RUE DES FOSSÉS.

1846.

BRÈVE NOTICE

À PEINE venions-nous de perdre l'homme de bien, l'homme juste, l'homme d'abnégation par excellence, le Saint, que sa mort trop bien constatée appela tout ce qui devait la suivre, c'est-à-dire le deuil du cœur chez ceux qui l'ayant vu de près, croyaient, dans leur affectueuse édification, pouvoir l'apprécier,

6

bien qu'il fût difficile à tous tant que nous sommes de pouvoir le *juger* dans la profondeur de ses vertus modestes.

Les Anciens s'occupaient de pareille œuvre, en grand concours, à des époques éloignées du Christianisme; et le jugement était consacré, gardé religieusement et conservé avec les momies ou restes travaillés , dans les pyramides ou dans les Catacombes.

Il ne s'agit assurément ici ni de Pharaons , ni de souverains pontifes, ni même de prélats ou de martyrs des anciennes persécutions de Rome : celui dont je me permets de parler était toujours en arrière dans l'ordre d'hiérarchie et d'honneurs ; mais toujours, quoique vivant à l'ombre, à la brèche du danger , à la piste des chagrins et des douleurs d'autrui, toujours l'un des premiers , selon le cœur de Dieu.

Je viens parler de M. Guillaume - François Le Chaptois , né le 14 mai 1755 , à Boisbenâtre , bailliage de Vire, généralité de Caen.

Ce Sage , dont nous déplorons la perte , fit avec distinction ses études à Vire et à Coutances : il les termina à Caen , où , après deux années de philosophie , il reçut le diplôme de maître ès-arts.

Etudiant consciencieusement et avec le soin le plus scrupuleux sa vocation, ne voulant remplir de fonctions qu'autant qu'il en serait digne, il consulta son esprit et son cœur; repoussant bien loin toute spéculation temporelle, il entra en religion *.

La cathédrale de Coutances reçut une partie de ses vœux, et plus tard je l'ai vu pleurer sur la place d'Avranches privée de sa sainte et antique basilique, lorsqu'il me dit, un jour de grande promenade avec moi : C'est ici que j'ai été revêtu du sacerdoce, la cathédrale n'est plus et je vis encore, moi, monument caduc et de peu de force, je n'ai pas même la valeur des décombres inertes qui ont été témoins de mes projets sacrés; je touche à mon terme, veuillez bien m'accompagner dans cet oratoire de prison où le saint patron du diocèse est *descendu*. La bonne âme de saint André nous enveloppera tous les deux, ajoutait-il avec ce ton moitié gai, moitié grave !

Là, il s'inclina avec cette franche piété qui annonçait le plus doux souvenir comme la plus tendre reconnaissance.

* J'emploie cette expression éminemment applicable à l'homme qui, même dans le monde, a mené la vie du cénobite ou de l'anachorète.

Je rajeunis, me dit-il en sortant, tout n'est pas perdu pour la morale, les grands ont été éprouvés dans ce monde; saint André doit s'élever et leur apparaître comme un digne modèle; en tombant, ils trouvent un autre genre de gloire, celui de la sainte humilité, salutaire vertu qui nous purifie tous! L'apôtre, patron de notre diocèse, continua-t-il, reçoit aujourd'hui spécialement les prières de la prison et du malheur; notre évêque d'Avranches est mort sur la terre d'exil, il a dû, je le pense, s'en consoler dans son sacrifice et dans sa modestie.

Cependant Mgr Godard de Belbeuf ne fut pas aussi modeste ou du moins aussi résigné que le pensait notre humble et saint aumônier, car Mgr l'évêque de Coutances ne fut, pendant sa vie, que délégué, vicaire-général administrateur de l'ancien diocèse d'Avranches.

L'ancien prélat ne put jamais revenir de la commotion qu'il reçut lorsque le même foudre le frappa ainsi que son église.

A toutes ces choses, que disait notre vénérable M. Le Chaptois? L'ancien est dans son droit; mais aussi le nouveau est dans le sien : à qui de juger les lois? Sans doute à nous tous tant que nous sommes : la France s'entendant avec Rome vaut bien Israël, le Concordat n'est-il pas une loi comme toutes celles de discipline !

Ainsi que la nature délibère et agit sur la santé et la vie des hommes, comme il a été dit dans l'ordre physiologique, l'époque où la Providence prononce sur le sort des gouvernemens se manifesta, après un long travail, avec le plus grand fracas. Une Révolution inouïe troubla les esprits et les cœurs, en les imprégnant d'idées et de sentimens tout étrangers à ceux de la première éducation.

A cette époque, M. Le Chaptois était simple vicaire de Sainte-Cécile, sous l'honorable M. Foisil, d'Avranches, curé dont les idées philosophiques étaient, selon le style actuel, plus avancées que celles de son vicaire, sans cesser pourtant d'être orthodoxes.

Ami de ses devoirs, les remplissant le jour et la nuit, il conquit l'estime et l'affection de tous ceux à qui il avait appris à *connaître, aimer et servir Dieu*. Père et philosophe affectionné, il leur traçait avec bonheur *le chemin de la vie éternelle*, dont la jouissance préalable était, disait-il, dans celle-ci lorsqu'elle était appuyée sur le calme de la conscience et l'espoir.

Les bulles des papes, les divers décrets qui leur donnaient une trop grande puissance temporelle, quelques travaux de Bellarmin et de certains autres controversistes ou ascétiques, tout ce qui tient à l'ultramontanisme exagéré, n'étaient rien ou peu de chose pour lui; l'ancien et le nouveau Testament, les décisions des Conciles œcuméniques et la déclaration du *grand M. Bossuet*, comme il se plaisait à l'appeler, étaient sa boussole.

Cependant, quand il s'entretenait des Jésuites, il en parlait avec respect, il citait mille traits qui avaient conquis son cœur, leur facilité dont il n'avait pas étudié toute l'extension, d'après les propos du monde, les rapports intimes qu'il avait eus avec M. le curé de sa paroisse, ancien Jésuite, pendant l'émigration, le portaient à aimer beaucoup cette savante et religieuse société, qu'il ne connaissait réellement que par la vertu et les services de quelques-uns au moins de ses membres.

J'ai passé moi-même quelques momens heureux près de lui avec un Jésuite, le révérend père Bénouin; et notre conversation, qui ne roulait que sur la philosophie, la physique, la chimie et les autres sciences naturelles, rajeunissait notre bon vieillard, dont la mémoire était bien riche, car je citerai plus loin certaines choses qu'il s'était tellement appropriées qu'elles étaient devenues les siennes : c'est une véritable assimilation de philosophie religieuse et d'étude.

Quels étaient donc les principes dont j'ai été chargé d'écrire l'histoire?

J'en rougis quand j'y songe, profane au moins que je suis; je réponds cependant aux sollicitations des autorités administrative et religieuse.

Le titre que l'on voulut bien trouver chez moi fut dans l'affection du saint vieillard. Jusqu'à la fin de ma vie, je m'en trouverai toujours honoré.

Mais je crains que mon style, du reste très-inoffensif, et les souvenirs que je rappelle empêchent plus tard mon bon vieillard d'être au moins béatifié par le scrupule fanatique. Peu importe du reste, celui qui règne dans les cieux a plus de vertu que toute autre puissance, et l'humilité de celui que je suis chargé de chanter sera loin de m'en vouloir; il prendra même mon parti. D'ailleurs le Prélat qui gouverne ce diocèse proclame-t-il d'autres principes religieux que ceux auxquels nous sommes heureux de nous attacher !

L'honorable ecclésiastique qui fit spontanément son oraison funèbre, M. Henri Dubois, d'Avranches, qui se plaisait à déposer devant le simple chapelain de l'Hôtel-Dieu ses titres de vicaire-général, de premier curé du diocèse, etc., dit, au milieu d'une assistance profondément émue, que, depuis l'instant où il avait été promu au sacerdoce, il n'avait jamais éprouvé d'impression plus douloureuse et plus profonde qu'en présence du cercueil du vénérable prêtre que nous aimions tous.

En effet, celui dont nous parlons a dirigé l'enfance de plusieurs, il a constamment été le confesseur, l'ami et le sage conseiller de beaucoup de prêtres d'âme et de cœur, qui ont prêché la morale dans notre contrée, où ils ont eu la douce jouissance d'en recevoir et d'en goûter les fruits.

Sa mémoire a conservé jusqu'à la fin de sa vie un morceau de philosophie politique et morale que je reproduis dans son texte; j'en ai la copie de sa main : ces quelques lignes ne provenaient peut-être pas de sa conception ; mais peu importe, elles sont devenues les siennes; par leur répétition fréquente il nous prouvait qu'il se les était appropriées, qu'il se les était assimilées, en un mot, comme je l'ai dit, qu'elles étaient les siennes.

« Il faut, m'a-t-il répété mille fois, faire à toutes les époques une distinction essentielle : il y a des catholiques de religion et des catholiques d'Etat. Cette distinction entre les catholiques par religion et les catholiques par politique est très-importante dans l'intérêt de la religion. Les premiers veulent le règne de la piété, de la vertu et de la liberté; ils sont fidèles à la constitution de leur pays, qu'elle soit monarchique ou républicaine, bons citoyens en France comme aux Etats-Unis.

» Les seconds sont des hypocrites qui se font de leur prétendu zèle pour le catholicisme un moyen d'ambition politique et un voile d'intrigue; ce sont eux qui prêchent le pouvoir absolu et l'intolérance au nom de celui qui a dit : Mon règne n'est pas de ce monde. Ce sont eux qui font du principe conservateur, mais purement politique de la légitimité, un dogme mystérieux, inconnu à l'Eglise ; ce sont eux qui, loin de répéter aux rois l'austère et sainte morale de l'Evangile, de Massillon, flattent les vices, la mollesse, la corruption, et engagent les monarques trompés à se conduire comme si la royauté n'avait pas de devoirs, comme si l'humanité n'avait pas de droits; ennemis des rois qu'ils veulent dominer, ennemis des peuples qu'ils veulent enchaîner, ces profanateurs impies du saint nom de Dieu et de son église sont étrangers à tout sentiment religieux. »

Aussi, m'a-t-il dit que, matin et soir, il priait Dieu pour la conservation des jours du chef de l'Etat. Combien de fois l'a-t-il répété devant Mme de La Conté, supérieure de l'hospice, et devant moi.

Si j'entreprenais une œuvre grave, importante, ayant pour but d'écrire la vie d'un citoyen dont l'histoire politique devrait fortifier l'action révolutionnaire de notre pays, pour plusieurs hommes qui étudient à peine l'histoire religieuse, je me permettrais de reproduire beaucoup d'apophthegmes et de maximes d'une très-large philosophie ; mais je veux que tous le bénissent et que rien ne soit mal interprété par la passion. Il aimait d'ailleurs ses frères, mais il gémissait quand il voyait que leur éducation n'était pas en rapport avec leurs sublimes fonctions, et que parfois un zèle maladroit éloignait les citoyens du giron de l'Eglise.

Après tout, pourquoi tant de discrétion ? Les bons prêtres l'aimaient, ceux-ci étaient habitués à penser comme lui, et ils approuveront toujours ce qu'il a répété bien des fois : « Certains prêtres par leurs formes, leur habitude extérieure trop exceptionnelle, ne voulant ressembler en rien aux autres hommes de la science, de la magistrature et de l'enseignement, ont l'air de faire tout pour rendre la religion inaccessible ou insupportable. » Les hommes qui l'ont entendu parler me sauront gré de *traduire ainsi* ses principes et ses paroles beaucoup plus sévères.

Ami de l'autorité, il s'inclinait toujours devant celle de l'ordinaire, du préfet, du Roi, du souverain pontife ; et ce bon prêtre, appuyant sa doctrine sur les principes légués par N. S. J.-C., n'aurait jamais manqué à ses devoirs envers César.

Je suis loin d'être jeune, j'ai déjà vu beaucoup comme citoyen et comme médecin ; mais je l'affirme, j'ai rarement, ou mieux je n'ai jamais rencontré un homme pareil.

Comme l'évêque et prince de Genève (car c'est dans son corps que je suis heureux de trouver des comparaisons), M. Le Chaptois, né de parens libres, propriétaires indépendans, allié à toutes les familles honorables de notre pays, était fortement constitué, physiquement et moralement.

J'affirme, en ma qualité de médecin, qu'il a eu beaucoup de vertu... J'ai rencontré peu d'hommes plus vigoureusement organisés que lui, et j'en ai vu peu plus susceptibles à l'endroit de la pudeur.

Quant à cet article, je me permettrai de dire que le lien du célibat l'a toujours empêché de regarder une femme en face.

Et cependant! quand parfois il entendait parler de fautes commises dans l'amour illégitime, il s'élevait en avocat, en défenseur toujours ardent, et s'écriait avec la force de la charité : *Ne sommes-nous pas tous enfans d'Adam !!!*

Qu'il était bon cet homme qui, connaissant la faute de telle ou telle fille malheureuse et trompée, lui envoyait les secours nécessaires pour qu'elle fût mère en secret, et pût, dans un autre lieu, soutenir et soigner l'enfant de son amour.

Le mot d'infanticide le troublait au point de lui faire verser des larmes ! Sur ce point il avait reçu, comme prêtre, mille confidences dont le souvenir terrible rendait presque son trouble indiscret.

La présence de pareil prêtre eût été d'une immense utilité dans les conseils de l'administration qui s'occupe de cette grave question d'économie.

Sa simplicité était extrême. Tous les hommes étaient égaux devant lui quand il était seul ; car tout père qu'il était des hospitaliers, le saint ministre avait aussi ses heures, et s'il était *tout à tous,* ce n'avait lieu que dans l'intimité.

Ce n'est qu'avec Mme la Supérieure ou avec quelques autres amis que j'ai rencontré, mangeant une soupe de quatre livres (ancien poids et mesure), un *souverain* plus heureux que bien d'autres en Europe, Jean-Baptiste, je ne dirai pas : car il faut l'appeler par son nom (n'est-il pas d'ailleurs élevé à la dignité de congréganiste), Jean-Baptiste donc est le roi de la basse-cour, roi absolu, et dirigeant ses sujets avec le sceptre qu'il tient de la nature, Jean-Baptiste enfin résumant dans son style spécial les sermons qu'il avait entendus.

Nous y prenions plaisir, et le bon M. Le Chaptois, presque arrivé à l'âge de quatre-vingt-onze ans, moment suprême pour sa vie et sa vertu, se délassait dans les entretiens burlesques de cet idiot plein de bon sens. M. Le Chaptois avait aussi son fou.

Que dois-je dire de son genre de vie? Il vivait comme le plus pauvre, son régime n'eût pas été de luxe à la Trappe. Je serais ridicule en faisant le tableau des préparations culinaires inventées par son esprit de pénitence, et cependant, dès qu'il se trouvait en société, il reprenait aussitôt les usages du monde.

Lorsqu'un très-excellent aumônier lui succéda de son vivant, le saint vieillard, assis à la même table, se servit de sa cuiller de bois; le successeur rougit tenant à la main un instrument plus riche, le vieillard comprit et s'empressa de se servir d'un meuble d'argent. Il était dans le monde comme on doit être dans le monde, aimable, poli, je me permettrai même de dire galant. Ne voulant faire la critique d'aucune chose, il partageait tout au sein de l'amitié.

Il était le premier et le dernier des hospitaliers: son vêtement *habituel*, qu'aucun pêcheur n'eût pu employer comme filet, était sans contredit plus mauvais que celui d'Antisthène, mais il n'était pas cynique, et jamais son orgueil ne traversa son manteau.

Il ne voulut jamais exciter l'envie des pauvres. Le revenu de sa fortune appartenait à la maison, et c'est pendant quarante-deux ans qu'il a été l'aumônier, le consolateur et l'ami de toute cette population malheureuse qui se trouve forcée de quitter le centre de la société.

Dépositaire de secrets de tout genre, il en a emporté un grand nombre dont la Justice divine seule a pu avoir connaissance.

Violent et colère par nature, on l'admirait dans ses efforts ; sa vertu le rendait doux comme un agneau.

Il fut toujours indulgent, d'une douceur extrême envers tout le monde. Mais il se mettait dans une sainte colère lorsqu'il entendait dire que certaines gens s'érigeaient en maîtres quand il s'agissait de sciences auxquelles ils devaient être étrangers par défaut d'étude et d'état. Nous étions alors certains qu'une citation qu'il s'était plu à nous faire bien des fois allait jaillir aussitôt de sa mémoire ; celle-ci, comme bien d'autres, y était en dépôt.

C'était au commencement de la Révolution. Certains hommes de sa paroisse, tout habitués qu'ils étaient à vénérer les deux pasteurs qui avaient élevé leur enfance, en leur enseignant la régularité de la vie, ne furent pas insensibles aux prédications nouvelles ; ils interprétaient, selon leur propre esprit, et souvent plus encore sous l'influence de suggestions perfides, je ne dirai pas selon leurs droits dont ils ne connaissaient encore ni la justice ni l'étendue, certains mots qui avaient bourdonné à leurs oreilles.

M. Le Chaptois, revenant d'un village où il avait répandu les secours de son cœur, de sa bourse et de la religion, entendit s'élever dans un groupe cette demande en réponse à ce qui avait sans doute précédé : « Qu'est-ce donc que l'inquisition ? » Pierre *** qui avait fait partie de la milice, et qui, en cette qualité, avait fait son tour de France, ne restait jamais la bouche close : « l'inquisition ! vous l'ignorez encore, mal appris que vous êtes ! eh bien, l'inquisition est une femme qui, après avoir juré la fidélité conjugale sous le crucifix, y manque publiquement, et force, par sa faute, son mari d'appeler un sergent pour lui signifier son déguerpissement et d'aller se faire.... » La fin de la phrase qu'il exprimait était tellement naïve, que nous partagions avec une jouissance filiale la simple et douce gaîté du bon narrateur.

Dans tous les traits qu'il citait, il n'y avait jamais d'acrimonie ; loin de là, il expliquait toujours et justifiait les misères humaines en remontant à leur source.

Lui rappelant un jour la rencontre agréable que je fis du révérend père, ancien abbé général de la Trappe, dom Antoine Le Saulnier de Beauregard, je lui dis que ce religieux, qui s'était beaucoup occupé en Angleterre d'arts et d'agriculture, m'avait dit avec enthousiasme qu'il devait beaucoup à un protestant *de ses bons amis.* A ce propos, il m'arrêta pour me dire qu'ils avaient toujours respecté la bonne et sainte hospitalité à titre dé revanche, selon la fortune incertaine, et que n'étant pas sur la terre d'exil pour évangéliser, les catholiques de France avaient toujours fait *bon ménage* avec les anglicans, dont ils ne pouvaient jamais oublier l'aménité.

Dans les relations que j'ai eues avec lui, je puis l'affirmer, sa cheminée seule sentait *le fagot.*

Combien de fois a-t-il répété, en le prouvant, que la bonté était toujours indulgente ! A ce propos, un indiscret, d'un zèle un peu trop vert , lui dit : Mais comment vous en tirerez-vous au jugement de Dieu ?.... — Avec amour et foi dans la miséricorde , reprit d'un ton chagrin le véritable disciple , la charité de Jésus me rassure; et , s'élevant avec force : je lui parlerai de la femme adultère , de mille autres , de vous et de moi , qu'il s'est plu à nourrir , malgré notre indignité... Au reste , j'aime mieux être coupable aux yeux de Dieu par excès de bonté , en suivant de loin son exemple, que par excès de rigueur.

Un jour , certain prêtre, député d'une certaine partie de la Suisse, se présenta chez lui : la réception fut polie; mais de quoi s'agissait-il ? de faire construire une église dans son pays, au moyen d'aumônes étrangères... —Allez ailleurs, Monsieur , il y a trop d'impudence à venir tendre la main dans un hôpital ; il lui demande, une seconde après, s'il n'éprouvait pas de besoins particuliers , et l'autre reçut son aumône.

Une vénérable Supérieure dont les dignes compagnes et nous tous déplorons le malheur, puisqu'après quarante années de services de charité, cette excellente dame est tombée dans une maladie qui a forcé son ordre de la confier à une maison spéciale , venait, dans le commencement de son délire, de faire appliquer un grand nombre de dorures dans la chapelle de l'Hôtel - Dieu. Madame, lui dit l'exact et saint aumônier, l'or doit se convertir en pain dans un hôpital, pareil luxe ne mérite pas l'absolution.

Tel était son premier mouvement, appuyé qu'il était sur les vrais principes que rien ne pouvait ajouter à la gloire de Dieu, sinon les bonnes œuvres et une sage mesure dans le luxe des temples.

Il se livra avec ardeur à tout le bien spirituel, orthodoxe en tout point, malgré son inépuisable indulgence. Quoique deux de ses frères curés eussent prêté le serment exigé par la loi du temps à la constitution civile du clergé, son affection pour eux ne se ressentit en rien de cette dissidence dans ces opinions religieuses. Il fut toujours leur ami et leur frère bien dévoué. Il ne cessa jamais d'être le prêtre du Christ en prêchant par l'exemple et les paroles les grands principes de la religion catholique, apostolique et romaine ; n'oubliant pas le bien temporel et sa valeur, il répondit toujours aux besoins des deux puissances. Il concourut à ajouter à la terre de l'hospice, il augmenta, selon ses faibles moyens, son mobilier, donnant un pressoir à la ferme, des couvertures aux dortoirs, mille autres secours; et, dans la banlieue de son petit arrondissement de charité, combien de ménages ont été relevés de la misère? Il semblait que la fortune se multipliait entre ses mains bienfaisantes.

Qu'il était admirable dans les visites des infirmeries; que je me plaisais, devant lui, à nommer son diocèse! Sa haute stature, cette tête de Père de l'église antique, à grands et nobles traits, que l'on a conservés pour la religion et pour l'art, produisait dans chaque salle un effet de bonheur et de vénération. Il s'arrêtait à chaque numéro, connaissait la misère, les besoins de chacun, et de son esprit et de son cœur s'exhalaient des sentimens de tendresse et d'amour, ainsi que des idées qui enveloppaient et imprégnaient l'infirme de la plus douce espérance pour la santé du corps et de l'âme; sa bonté était l'auxiliaire constant comme le plus puissant de la médecine humaine. Son passage était comme un parfum délicieux qui calmait les douleurs du moment en annonçant les bienfaits d'une visite prochaine, toujours aussi heureuse.

Le vieux soldat, la cantinière, la vieille coureuse, aujourd'hui paralytique, le fripon impuissant, le galérien *émérite*, les enfans, et jusqu'aux idiots le connaissaient par un instinct sympathique, et tous lui répondaient au moins par l'épanouissement heureux d'une physionomie reconnaissante.

Aussitôt après sa mort, la nouvelle qui en fut annoncée paralysa les bras de tous nos travailleurs et redoubla la douleur des infirmes, tout le monde tomba à genoux ; et celles qui tiennent de Dieu la mission d'être mères pour celles que la honte et la crainte ont empêchées de tenir leurs enfans sur leur sein, récitèrent le *De profundis.* Le souvenir de celui qui venait de rendre le dépôt que Dieu lui avait confié pour devenir un modèle de bonté et de vertu toucha plus que jamais l'âme de nos enfans ! Nous l'avons perdu, s'écriaient-ils avec sanglots, celui qui nous aimait, qui nous consolait, celui qui nous avait vus naître; sa main en effet ne les avait-elle pas tous lavés de l'eau baptismale ! Ces pauvres orphelins, qui appartiennent plus par les chiffres que par la tendresse à la patrie, se retournaient avec douleur et amour vers ces saintes et bonnes mères que la religion leur a données, le vice et le respect humain les ayant privés de celles qu'ils devaient à la nature.

O mon Dieu! quel moment! il venait, au milieu d'une phrase interrompue, de commencer l'agonie ou plutôt le léger combat entre la vie et la mort; subitement il est frappé, et son jeune successeur court, vole aussitôt chercher les signes sacrés d'une grace appelée par la foi ardente et la précipitation des derniers momens de son vénérable doyen; il vivait encore lorsqu'il reçut le sacrement, et son âme fut satisfaite et consolée lorsqu'elle remonta doucement au Ciel. Il mourut à midi, le 28 mai 1846.

Il était essentiellement moraliste, la philosophie et la religion l'auraient reçu toujours comme un admirable catéchiste. En effet personne ne connaissait et n'enseignait mieux que lui les principes et les élémens de cette science révélée qui a pour but de rendre l'homme meilleur et plus heureux.

Il était instruit, il connaissait aussi *par cœur* certains ouvrages dont il citait à propos, dans les conversations, plusieurs morceaux choisis et intéressans; il possédait entièrement *l'Ecole des Mœurs* de Blanchard, etc. , etc. Je ne parle pas des Saintes Ecritures, qui étaient l'aliment et la vie de son esprit et de son cœur. Rien de ce qui tenait à la philosophie sociale ne lui était étranger : aussi répondait-il à chaque interpellation par une maxime et y joignait-il une décision de l'Eglise.

Entreprendre d'ébaucher tant soit peu le tableau des vertus privées de sa vie secrète, serait une tâche que je déclinerais aussitôt, en priant un plus digne que moi de se livrer à un pareil travail. Nous le devinions tous, mais sa modestie aux aguets a laissé soulever à peine un coin du voile sacré qui l'a caché jusqu'à sa mort.

Ses obsèques annoncèrent la vénération et les regrets : le Clergé y était représenté dans tous les degrés de son ordre ; les membres de l'administration , dont M. le Maire se fit l'organe, une multitude de citoyens ne l'abandonnèrent que lorsque les dernières prières firent fermer la tombe. Il est bon , en terminant cette Notice, de rappeler dans leur texte la première délibération qui avait appelé M. Le Chaptois à l'Hôtel-Dieu, et celle dont le conseil municipal de la ville d'Avranches vient de s'honorer en lui votant un monument de reconnaissance.

A Avranches, le 19 *germinal an* XII
de la République.

Le Président de la Commission administrative de l'Hospice civil d'Avranches,
à M. Le Chaptois, chapelain, desservant ledit Hospice.

Monsieur,

Je m'empresse de vous annoncer que la Commission administrative de l'Hospice vous a nommé pour exercer les fonctions de chapelain de cette maison, en remplacement de M. Oury, démissionnaire : les vertus évangéliques et les talens qui vous distinguent ont déterminé ce choix.

La Commission vous invite à vous rendre le plus tôt possible à son vœu ; et elle vous verra avec plaisir venir dès cette semaine prendre possession de cette place, à laquelle la confiance de la maison vous appelle.

Au surplus, je vous invite à vouloir bien m'instruire du jour où vous comptez vous présenter à l'Hospice, afin que deux des administrateurs vous y accompagnent.

Recevez l'expression de tous les sentimens que vous m'avez inspirés, et avec lesquels j'ai l'honneur d'être,

Le Président de la Commission administrative,

TESNIÈRE BRÉMENIL.

P. S. Ci-joint le procès-verbal de votre nomination.

EXTRAIT DU REGISTRE DES DÉLIBÉRATIONS

de la Commission administrative de l'Hospice civil d'Avranches,

Du 16 germinal an XII *de la République française.*

Présens et délibérans, les citoyens Tesnière Brémenil, maire ; Pinel, Burdelot, Bataille, Barenton, Lesplu-Dupré, président et administrateurs; Faultrier, secrétaire.

L'Administration s'occupant de l'organisation définitive de l'exercice du culte catholique dans l'Hospice, considérant que le citoyen Oury, qui remplissait les fonctions provisoires de ce ministère, a, par sa lettre du 7 pluviôse dernier, donné sa démission ; reconnaissant qu'il est instant de procéder de suite à la nomination de son successeur ; considérant que le citoyen Le Chaptois, ancien vicaire de la commune de Sainte-Cécile, où il a exercé les fonctions de cette place pendant plus de huit années ; consent à sacrifier, en faveur de l'humanité souffrante, ses soins et ses travaux, et à verser dans le sein des pauvres les consolations que leur offre la religion ; considérant que les vertus évangéliques et les talens qui caractérisent le citoyen Le Chaptois, garantissent la bonté de ce choix ;

Vu l'art. 44 de la loi du 18 germinal an X sur l'organisation des cultes, et la lettre du préfet du département, du 5 vendémiaire dernier (n° 79), a nommé à l'unanimité et nomme le citoyen Le Chaptois chapelain desservant de l'Hospice d'Avranches, lequel jouira des droits et avantages qui étaient accordés ci-devant aux chapelains de cette maison ; arrête qu'expédition dûment en forme de la présente sera adressée audit citoyen Le Chaptois,

30

avec invitation de se rendre dans le plus court délai à
l'hospice pour y prendre l'exercice de ses fonctions , à la
charge par lui de se retirer par devers qui de droit pour
obtenir l'institution canonique si besoin est ; arrête , en
outre, que pareille expédition sera adressée au préfet du
département, avec prière de solliciter du gouvernement
l'autorisation voulue par la loi précitée.

Pour expédition certifiée conforme ,

TESNIÈRE BRÉMENIL , président.

EXTRAIT

Du registre des délibérations du conseil municipal de la ville d'Avranches.

Séance du 29 mai 1846.

Présidence de M. Bouvattier , maire.

Membres présens :

MM. Gauquelin, adjoint; Delouche, Lebourlier, Godin,
Guérin-Duchemin, Challier, Millet , Becquet, Baubigny,
Guérin - Fontan , Duhamel , Lahougue ; Lesplu - Dupré ,
secrétaire.

M. le Maire , en annonçant au conseil la mort de M. Le
Chaptois, chapelain de l'hospice , lui fait connaître le vœu
exprimé par la Commission administrative de cet établis-
sement qu'une concession perpétuelle dans le cimetière
soit accordée gratuitement à cet honorable citoyen, comme
récompense de ses longs et excellens services.

Le conseil , considérant que , depuis le 16 germinal
an XII , époque de sa nomination aux fonctions de chape-

lain de l'hospice , M. Le Chaptois n'a cessé de remplir ses fonctions , et d'acquérir des droits au respect et à la reconnaissance publique par son désintéressement , sa charité et son entier dévouement à ses devoirs , voulant donner un témoignage des sentimens qu'a su inspirer une vie qui n'a été signalée que par des vertus et des services ,

Arrête qu'une concession perpétuelle est accordée , à titre gratuit , dans le cimetière d'Avranches , auprès de M. le curé de Saint-Gervais , pour recevoir les restes de M. Le Chaptois. Le conseil arrête en outre qu'un monument , dont le plan devra lui être soumis , sera élevé sur cette tombe.

Pour copie certifiée conforme ,

V. GAUQUELIN, adjoint.

— Avranches. — Imp. de E. Tostain. —